道具と料理　　　相場正一郎

第3章　食と暮らしを繋ぐ道具　132

道具　　料理

人類が初めて作った道具は、獲物を仕留めるための石器といわれている。また、18世紀のアメリカの科学者ベンジャミン・フランクリンは「人間は、道具を作る動物である」と定義したそうだ。食料を獲るために自然にある様々なものを利用する動物は他にもいるが、そのために自身で道具を作り出したのは人類だけだろう。

　イタリアンのシェフである僕のような、食を生業としている者だけでなく、全ての人間にとって何より大切な道具は、食を豊かにするためのものだと思う。それを意識していないけれど、太古から食を楽しむために道具を進化させてきた先人たちの恩恵を受けて、私たちは日々、楽をして美味しい食事を口にしている。道具と料理は、切っても切れない関係にあるものなのだ。

　僕にとって料理は、仕事である以前に、人と仲よくなるために最も大事なものだ。美味しい笑顔とともに一緒に食卓を囲んだ相手とは、すぐに心が通じあえる。そして、僕が作った料理を皆が美味しそうに食べる姿を眺めることが大好きで、それは何ものにも代え難い至福の時間である。

　改めて「道具って何だろう」と考えてみて、ふと気がついた。皆で楽しく食卓を囲む時間と道具は、よく似ている。僕が長年愛用している道具はどれも、使い心地がいいだけでなく、生活を豊かにしてくれるものであり、

暮らしに笑顔をもたらしてくれるものである。そして道具にはそれぞれ誕生した背景や物語があって、それを知ることでますます愛着が湧いてくる。まだ出会って間もない人たちと、僕の作った料理を食べながら、皆が歩んできた半生を聞くのが好きなのだが、それもよく似ていると思う点だ。

　僕の好きな道具は、古くから作られ続けているものが多い。好みの意匠であることも重要であるが、長年の相棒となる道具にはそれだけでない何かがあって、それがゆえに変わらない形で愛され続けているのだと思う。機能性、利便性、耐久性などが優れているだけでなく、触った時に感じる心地よさがある。それにはきっと理由があるのだろうが、それを明確に表現することはなかなか難しい。

　本書で紹介する僕の愛用道具には、特別な何かが宿っているが、どれも手に入れやすい、特別ではないものばかりだ。そして、それらの道具を使って僕がよく作っている料理を記したが、レストランで出している料理とは少し視点の違う、短時間で手軽に作ることができる、毎日の暮らしに寄り添うメニューを中心に選んだ。

　人にとって何より大切な、食べるという行為を、ただ生きるためでなく、楽しく豊かにしてくれるもの。それこそが「道具と料理」である。

高校を卒業してすぐイタリアに料理修行に出た僕にとって、イタリアのレストランで学んだことが料理人としての基礎となっている。帰国後、原宿にあったイタリアンレストランのシェフを経て、28歳の時に自身がオーナーの店「LIFE」を、代々木公園からほど近い場所に開店した。だから開業時に揃えた調理器具も、イタリアで使っていたものを中心に選んだ。それは使い慣れているという理由が大きかったが、本当は他の道具のことをよく知らなかっただけだった。

　ヨーロッパの人たちは自国の文化を大切にしていて、普段使う道具も、なるべく国内で作られたものを選んで使っていたように思う。あくまで僕がイタリアで料理修行していた1990年代後半の、僕が出会った料理人たちの印象ではあるが、イタリアンはやはりイタリアで採れた新鮮な食材を使い、イタリア製の調理器具で作らないと本物ではないという雰囲気があった。だから僕も、食材は無理にしても、本物のイタリアンを目指すのならばイタリアで使っていたものと同じ道具で作りたいという気持ちがあった。

　それから10年近くが経ち、2軒目の店「LIFE son」の開業準備を始めた頃から、イタリアンのオリジナルメニューを考案する、料理家の仕事をいただくようになった。それまでは、お客さんに最高のイタリアンを提供す

るために、自分の手に馴染んだ、修行時代から愛用している調理器具を使い続けていた。しかし料理家の仕事では、それとは真逆の発想で、この調理器具の魅力を引き出せる料理を考えて欲しいという依頼が多かった。

　新しい店では、今まで挑戦したことがなかった調理方法や器具を積極的に試して、これまでとは違うイタリアンの引き出しを増やしていこうと考えていた。そんな時に、偶然にも色々な道具を試すことができる絶好の機会がやってきたのだった。

　手馴染みがいいからと、ずっと同じ道具を使っていたが、それがどうして便がいいのかなど考えたことは一度もなかった。たとえば、鍋の持ち手ひとつとっても、金属か木かプラスティックか、素材の違いだけでも使い心地や機能は大きく変わってくる。

　色々な調理器具に触れて、それが優れている理由を知ると、より道具に興味を持つことができた。そして、その利点を活かそうとすることで、新しい発想の料理が生まれた。

　感覚的に調理器具を選んでいたが、その裏側に潜んでいる食の歴史や文化、土地柄を知ることで、一層興味が湧いた。そして、どうして使い勝手がよいのか、その背景が理解できたことで、僕の料理の幅は格段に広がっていった。

今までは、僕の理想とする料理の完成形が頭の中にあって、調理器具はそれを表現するための手段、まさに道具でしかなかった。しかし、まずはじめに道具があって、その特長を活かす調理方法を考えることでも新しい料理が生まれることを発見した。よく考えたら当たり前のことなのだけれど、僕にとってそれは大きな革命だった。

　僕が愛用している調理道具の中には、少し値の張るものもあるが、その大半は無理なく手にできるものだ。高価だとしても、きちんと手入れをしさえすれば一生、いや子の代まで使い続けることができるものであるから、長い目で見ればお値打ちだといえる。全てに共通しているのは、流行や時代に影響されない普遍性を持っていることだ。

　そして値段に関係なく、その道具に愛情を持って使っているかということも大切だと思う。たとえ安価なものであっても、「これでいいや」と思って適当に買ったものと、こんなものが欲しいと探し回ってようやく出会った、「これがいい」と手に入れたものには、同じに見えて大きな違いがある。

　ここで取り上げたのは、僕がいくつも試し失敗を重ねながら見つけたものや、こんなものがあったらいいのにと長年求めていてようやく出会った、かけがえのない道具たちだ。

料理修行時代、先輩の料理人たちから「いい調理器具を使いなさい」と言われたが、いい調理器具とは高級品のことで、そんなものはお金がないから買えないと思っていた。お客さんに美味しい料理を食べて欲しいという気持ちで30年近く調理場に立ち続け、いろんな器具に触れて、少しずつものの善し悪しがわかるようになって、ようやくその意味がわかった。いい調理器具には、ずっと使い続けたくなる不思議な魅力がある。

　ここで紹介する調理器具は、その魅力を持っている。僕が普段レストランで使っているものもあるが、どれも家で料理することを前提にして選んだ、使い勝手のいいものばかりである。

　いわゆる業務用の器具は、毎日のように手にするものであるから、長時間使っても疲れない軽さや使いやすさが重要になる。その利点は家で使う時にも有益であるから上手く取り入れつつ、加えて料理する時間が楽しくなる道具であることも大切だ。

　世界が一変してしまい、家で料理をする機会が増えたからこそ、そういう思いが強くなった。キッチンや食卓に置いた時に見目がよく触り心地がいい、毎日使いたくなる自分好みの道具があれば、台所に立つ時間が豊かになり、料理も一層美味しくなるだろう。

タークのフライパン

　タークの歴史は古く、ドイツで150年以上前に創業した老舗。今でも鉄の塊を熱し、繰り返し叩いて成形していて、作ることができる熟練工はごく僅かだそうだ。

　鉄製の調理道具はどんなに手入れをしていても少し錆びてくるが、タークは錆びてきたことが一度もない。同じ鉄製でも、原料の鉄が採れる地域によって中に含まれる油分が異なるため、錆びやすさに違いが出る。タークが工場を構えるドイツのルール地方では、錆びにくく強度の高い鉄が採れる。その鉄から、すこぶる強固で錆にも強い調理器具が生まれた。

　厚みがあり温まるのに少しだけ時間がかかるが、一度熱くなるとずっと熱を蓄えてくれる。そのため、じっくり均等に食材を熱することができる。肉をただ焼いて食べ比べてみると、その違いがはっきりとわかる。ゆっくりしっかり熱が入るので、味にぐっと深みが出る。

　初めて試した時は、ただタークで焼いただけで肉が何倍も美味しくなることにとても驚いた。焼き目が美しく、たとえ少し焦げたとしても決して黒くなることはない。油を引かずとも表面はカリッと、中はしっとり焼ける、魔法のフライパンだ。

豚肩ロースの香草ソテー

材料（2人分）
豚肩ロース…200g　　ソーセージ…100g
ローズマリー…2枝　　セージ…1枝
ニンニク…2片
オリーブオイル、塩、コショウ…適量

作り方
1　豚肩ロースの両面に、塩コショウを軽くふる。
2　フライパンを中火にかけ、オリーブオイルをしく。
　　フライパンが温まったら、豚肩ロースとソーセージ
　　を入れ、ローズマリーとセージとニンニク（皮がつ
　　いたまま）を周りに置き、香りを染み込ませる。
3　豚肉、ソーセージともに片面を3分ほど焼いたら、
　　ひっくり返してもう片面を3分ほど焼く。ひっくり
　　返した時に香草が焦げないように豚肉の上に載せる。
4　豚肩ロースを横向きにして、脂身の部分をしっかり
　　焼き、余分な脂分を落とす。
5　火を止めて蓋をして5分ほど置き、余熱で香草の香
　　りをじっくり染み込ませる。

タークのグリルパン

　ドイツ製品の一番の特徴は、重量があり頑丈なことだと思う。たとえば、ドイツ車はどれもドアが厚く重いが、それは衝突した時の強度を考え、安全性を重視した結果である。ドイツ製のタークも他の調理器具に比べてずっしりと重い。その理由は、ドイツ車のドアの考え方と同様なのではないだろうか。食材にじっくりしっかり熱を伝えて、美味しさを逃すことなく引き出すことを最優先した結果、この重さと厚さに辿り着いたのだろう。

　日本では、道具は小さく軽く使いやすいことが重要視されている。もちろんそれは大切なことだけれど、果たすべき役割を担うことができないのであれば意味がない。毎日使う道具だから、使い勝手がいいに越したことはない。しかしながら、重く少し扱いにくいことを差し引いたとしても、持ち上げる力がある限り僕は、タークを使って美味しいイタリアンを作り続けたい。

　店では皿に盛りつけることなく、調理したグリルパンのまま料理を出している。テーブルは熱々のままでも置けるよう、無垢の木のものを選んだ。このホワイトハンバーグもグリルパンのまま出すことを前提に考えたメニューで、すっかり店の顔になっている。

ホワイトハンバーグ

材料（2人分）

豚ひき肉（粗挽き）…500g　　タマネギ…1/2個

ホワイトマッシュルーム…6個　　生クリーム…200cc

イタリアンパセリ、オリーブオイル、白ワイン、塩、コショウ…適量

A　パン粉、パルメザンチーズ、生クリーム…大さじ2

作り方

1　タマネギをみじん切りにし、焦がさないように炒める。飴色になったら火を止めてしばらく冷ます。

2　ボールに豚ひき肉、塩コショウを入れてこねる。ねっとりしたら、1とAの材料を入れてよくこねる。

3　2を二等分して、小判型に形を整える。

4　パンにオリーブオイルをしき、中火で片面を4分ほど焼く。ひっくり返してもう片面を4分ほど焼く。

5　白ワインを加え、数分加熱してアルコール分を飛ばした後、薄切りにしたマッシュルーム（半量）と生クリームを入れる。全体が馴染むまで弱火で煮込む。

6　薄切りにしたマッシュルーム（半量）と刻んだパセリをふる。蓋をして3分置き、じっくり火を入れる。

ペティナイフ

　料理修行時代からずっと、軽く小さいペティナイフを基本の包丁として使っている。野菜のヘタを取るため、パンを切るため、チーズを切るためなど、食材にあわせて使い分けをすることもあるが、大きさとバランスが自分の手にしっくりくる同じナイフを無意識に使っている。

　切れ味は遜色なくても、手に馴染む感触は千差万別だから、僕がいいと思うナイフが万人にあうことはない。色々なナイフを試してみて、これだというものとようやくめぐりあった。

　僕がよく使っているのは、ペティナイフと呼ばれる種類の中では比較的大きいもの。果物ナイフよりも刃渡りがあり厚みもあるので、大きなカブも難なく切ることができ、細かいものを切る時にも小回りがきく。大きな肉や魚を除けば、大半はこれで切っている。

　とはいえ、生魚をおろす時には日本製の鋼の出刃包丁、和の惣菜を作る時に野菜を切るのなら四角い刃の菜切り包丁が一番使いやすい。長く使われている道具は、その土地の食文化と密接に関係していて、とも歩んできた歴史がある。だからペティナイフにこだわらず、食材や調理法にあわせて柔軟に使い分けることも大切にしている。

カブとソラマメのグリル

材料（2人分）
カブ…2個　　ソラマメ…5さや　　生ハム…2枚
モッツァレラチーズ…80g　　オレガノ…小さじ1
オリーブオイル、塩…適量

作り方
1　葉を切り落としたカブ（茎は残す）を6等分に切る。
2　ボウルにオリーブオイル、塩、オレガノを入れてあ
　　える。カブとソラマメ（さやのまま）を入れて、よ
　　くからませる。
3　フライパンを中火にかけ、温まったらカブとソラマ
　　メを焼く。カブは片面2分ずつ計4分くらい、ソラ
　　マメは片面4分ずつ計8分くらい、動かさずに焼く。
4　皿に3を盛りつけ、生ハムとモッツァレラチーズを
　　添える。

柳宗理のパスタパン

　毎日のようにパスタを食べている。店ではまかないで
よく食べているし、子供たちの大好物だから家の食卓に
並ぶことも多い。

　イタリアで修行していた頃から様々な鍋でパスタを茹
でてきたが、柳宗理のパスタパンほど使いやすいものは
なかった。どんな鍋でもパスタを茹でることはできるが、
高さがないために吹きこぼしたり、上げる時にこぼして
しまうことも多い。

　これは吹きこぼれの心配が一切なく、軽く湯切れが抜
群で、麺が引っ掛からずスルリと上げられるのが魅力だ。
蕎麦やうどん、素麺など、色々な麺が手軽に茹でられ、
僕は野菜を茹でる時にもよく使っている。

　日本でもパスタはすっかり馴染みの存在となったが、
未だ特別な日の料理という印象があるように思う。パス
タがもっと身近なものになればいいなと願っているが、
もしかしたら麺を茹でる手間がその障害になっているの
かもしれない。茹でるのが楽しくなるこのパスタパンが
あれば、きっとパスタが普段の食卓に当たり前に並ぶよ
うになるだろう。パスタは誰でも簡単に作ることができ
る、毎日のものなのだ。

オリーブペーストのパスタ

材料（2人分）
スパゲッティ…120g　　イタリアンパセリ…5本
岩塩、パルメザンチーズ…適量
A　オリーブ缶…1缶（オリーブ 150g くらい）
　　セミドライトマト…5個（小の場合は 10 個）
　　ニンニク…1片　　オリーブオイル…150g
　　パルメザンチーズ…50g　　塩…ひとつまみ

作り方
1　A（オリーブペースト用）の材料を容器に入れ、フードプロセッサーでなめらかになるまで回す。
2　鍋にたっぷりの水を入れしっかり沸騰させて、湯の 1％ くらいの岩塩を入れる。スパゲッティを鍋全体に広がるように入れて、指定の時間茹でる。
3　ボウルに1のオリーブペーストを大さじ3入れて、2とよくからめる。仕上げに粗く刻んだイタリアンパセリとパルメザンチーズをふりかける。
4　残ったオリーブペーストは瓶などに入れて冷蔵すれば2週間くらい保存可能。パスタ以外にもサラダなど様々な料理に活用できる。

無印良品のミニカセットコンロ

　できることなら、食べ終わりまで温かい料理を楽しみたい。殊に寒い季節にそう思う。できたてのような熱々を楽しむにはどうしたらいいだろうと考えた時、真っ先に頭に浮かんだのがカセットコンロだった。これまで鍋料理の時にしか使っていなかったが、これを毎日の食卓でも活用すればいいのだと気がついた。

　たとえば、朝食はタークのフライパンを置いて、パンケーキを焼く。昼はカレーを煮込んだ鍋を置いて、銘々で熱々を少しずつ食べる。夜はチキンのトマト煮込みを調理した鍋をそのまま置き、各自がホカホカのソースをクスクスにかける。時に、鍋の上に蒸し器を置き、野菜を蒸しながら食べることもある。ホクホクの甘味が全身に染み渡り、旬野菜の滋味がしみじみ感じられる。

　鍋物で使うカセットコンロを使っていたが、色々な料理を並べるとどうしても邪魔になってしまう。そんな時に見つけたのがこのミニカセットコンロだった。とにかくこの小ささが重宝し、火力も申し分ない。専用ケースもあるので、手軽に外に持ち出せるところも嬉しい。

　熱々の料理が気軽に楽しめるようになって、我が家の食卓はぐっと美味しく、楽しくなった。

リコッタチーズのパンケーキ

材料（2人分）
リコッタチーズ…120g　　薄力粉…80g　　牛乳…90g
卵…2個　　ベーキングパウダー…小さじ1/2
グラニュー糖…20g　　塩…2つまみ
バター…小さじ2

作り方
1　ボウルにリコッタチーズ、牛乳、卵を入れてよく混
　　ぜあわせる。
2　別のボウルに薄力粉、ベーキングパウダー、グラニ
　　ュー糖、塩を入れてよく混ぜる。
3　2を1に入れて、よく混ぜあわせる。
4　フライパンを中火にかけ、温まったらバター小さじ
　　1を入れる。3の生地が4等分になるようにおたま
　　などですくい、フライパンに流し入れる。フライパ
　　ンの大きさにより、一度に焼く枚数は調整する。
5　蓋をして弱火で片面を2分ほど焼き、ひっくり返し
　　て蓋をしてもう片面も2分ほど焼く。
6　上にバターを載せる。お好みでカリッと焼いたベー
　　コンと目玉焼きを添える。

ストウブのホットプレート

　様々な調理器具を使うようになったのは、料理家としての仕事を始めてから。レストランではまず作りたい料理があって、それを美味しく調理できる道具を選んでいた。料理家の仕事では「この調理器具の特徴を生かした料理を考えて欲しい」という逆の依頼もある。このホットプレートとの出会いはまさにそれで、僕はその特性を最大限に引き出したメニューを考えた。

　ストウブは鍋の中でも重量があり、特に蓋がずっしり重い。しかし、それこそが美味しい料理を生み出す最大の要所。気密性が高く、圧力鍋ではないにもかかわらずしっかりと食材に熱を伝えることができる。蓋の裏には突起がついていて、それにより水蒸気がまんべんなく中に落ち、均等に火が入る。

　2軒目のレストランを始めた頃、器具ごとオーブンに入れて調理ができ、なおかつそのまま提供できるメニューを考えていたのだが、それはまさにストウブの特性が生かせるものだった。料理家の仕事を始めたことで、それまでの僕になかった新しい視点で考えたイタリアンが数多ある。これもそのひとつで、ストウブのホットプレートのおかげで誕生した料理だ。

鶏肉とソラマメとジャガイモのソテー

材料（2人分）
鶏もも肉…300g　　ソラマメ…6さや
ジャガイモ…1個
オリーブオイル、塩、コショウ、お好みの香草…適量

作り方
1　鶏もも肉を半分に、ジャガイモを食べやすい大きさ
　　に切る。
2　ボウルに1とソラマメ（さやのまま）を入れて、塩、
　　コショウ、オリーブオイルとしっかりあえる。
3　ストウブのホットプレートに、鶏もも肉、ソラマメ、
　　ジャガイモの順に置く。
4　上にお好みの香草をおき、オリーブオイルを全体に
　　かけて蓋をする。
5　200度のオーブンで20〜25分焼く。

ル・クルーゼの琺瑯鍋

　ル・クルーゼとストウブはともにフランスで生まれ、百年以上の歴史があるが、その関係性が面白い。僕が持っている古いストウブは昨今よく目にするル・クルーゼのような鋳物に琺瑯を焼きつけた姿をしている。逆に古いル・クルーゼは、今日よく見るストウブのような無骨な佇まいをしている。理由はわからないが、時代とともに両者が入れ替わり、ル・クルーゼは色鮮やかな琺瑯鍋、ストウブは簡素な鋳物鍋がそれぞれの顔となっている。

　ふたつのブランドはずっと好敵手の関係にあるのだろうと、僕は想像している。互いに切磋琢磨して刺激と影響を与えあっているからこそ、こんなにも長く愛される鍋を生み出すことができたのではないだろうか。

　私感だが、ル・クルーゼは家庭での調理のための道具、ストウブは料理人が使う道具という印象があり、僕も家では主にル・クルーゼを、店ではストウブを使っている。

　ル・クルーゼは万能選手でどんな料理でも作ることができるので、台所にひとつあるととても重宝する。そして僕が殊に気に入っているのは、その美しい容姿である。調理後そのまま並べれば食卓が一気に華やぎ、皿に盛りつける手間も省ける、食器としての機能も備えた名器だ。

ビーツの塩茹で

材料（2人分）
ビーツ…3個　　オリーブオイル、岩塩…適量

作り方
1　ビーツの皮をむき半分に切る。2cmくらいの輪切り
　　にする。
2　鍋にたっぷりの水を入れしっかり沸騰させて、湯の
　　1％くらいの岩塩を入れる。
3　1を入れて、中火で20分くらい茹でる。
4　湯から上げて、水気を切って皿に盛り、オリーブオ
　　イルをかける。
5　塩茹でしたビーツだけでも美味しいが、メイン料理
　　のつけあわせとしていただくことが多い。冷蔵庫で
　　2日間くらい保存できるので、残った分は翌日の料
　　理に活用できる。肉料理にも魚料理にもよくあい、
　　スライスしてサラダやサンドイッチに加えれば、目
　　にも鮮やかである。リゾットに入れると、とても美
　　しく愛らしいピンク色に仕上がる。

柳宗理のボウル

　使いやすさ、美しさ、品質、その全てにおいて僕が理想とするボウルだ。軽いものは使いやすいがすぐゆがんでしまう。厚いものは丈夫だが重くて料理がしにくい。

　これは抜群のバランスで作られていて、毎日のように力をかけて使っているがゆがんでくることもなく、驚くほど頑丈だ。軽やかで、手にぴたっと馴染むところが好ましい。手作りマヨネーズのような、しっかりかき混ぜて調理をする時に、見事なまでの安定性を実感する。

　柳宗理はキッチン道具から家具、建造物まであらゆるものを手掛けた工業デザイナー。全てに共通するのは、使う人の視点に立って、使いやすさを熟慮した優しい意匠であること。このボウルにもそれがよく表れている。

　他のボウルは調理をしていて、勢い余って食材が外に飛び出してしまうことがある。このボウルは他のものと比べるとほんの少しだけ縁が高く、調理中にそれが一度もない。しかし、高さがあるからといって使いにくさは一切なく、そのさじ加減が絶妙だ。

　ささやかだけれど、料理人にとってこのひと工夫はとても嬉しいものである。だから、キッチンにいくつかあるボウルの中からいつも、これを選んでしまうのだろう。

オリーブオイルのハニーマヨネーズ

材料（2人分）
卵黄…1個分　　オリーブオイル…200cc
酢…小さじ2　　マスタード…大さじ1
塩…2つまみ　　ハチミツ…小さじ1

作り方
1　全ての材料を冷蔵庫から出して、常温にしておく。
2　混ぜやすい大きめのボールに卵黄とマスタードを入れ、泡立て器でさっくりあわせる。
3　オリーブオイルを少しずつ加え、なめからにとろりとなるよう、ゆっくりと混ぜあわせていく。
4　泡立て器を持ち上げて角が立ったら酢を加え、ゆっくり混ぜる。最後に塩を加え、しっかりあわせる。
5　ハチミツを少し加えると、子供でも食べやすい優しい味になる。お好みでレモン汁、ニンニク汁、生クリームを入れても美味しい。
6　瓶に入れて、冷蔵庫で2週間くらい保存可能。硬くなった時は、オリーブオイルや酢を少量加えて柔らかくする。

ビアンキのチーズグレーター

　イタリアのレストランではよく、テーブルで料理の上に直接、パルミジャーノ・レッジャーノという熟成チーズをスライスして提供する。パルメザンチーズは、パルミジャーノ・レッジャーノ風に作られたチーズを粉にしたもので、これとは別物だ。

　家庭で簡単に作れることを基本とする僕のレシピでは、なかなか入手できない食材はなるべく使わないようにしているので、パルメザンチーズと記載している。しかしながら、食べる直前に薄く削ったパルミジャーノ・レッジャーノをかけた料理の美味しさは格別だ。擦りたての新鮮な香りと、口の中でほどけていく豊かな食感は、粉チーズでは味わうことができない。

　パルミジャーノ・レッジャーノに限らなければ、熟成されたハードタイプと呼ばれるナチュラルチーズをよく見かけるようになった。チーズグレーターがあれば奥深いナチュラルチーズの風味が家でも手軽に楽しめる。

　チーズだけでなく、野菜などをいとも簡単に千切りや細切りにできるし、レモンなど柑橘類のスライサーとしても重宝する。まな板も必要ないので気楽に使える、何かと便利な、隠れた万能選手なのである。

ニンジンとチーズのツナサラダ

材料（2人分）
ニンジン…1/3本　　ルッコラ…1束
サニーレタス…5枚　　トレビス…4枚
＊葉菜類は上記以外のお好みのもので可
ナチュラルチーズ（ハードタイプ）…30g
ツナ缶…1缶　　枝つきケッパー、オリーブ…各6個
オリーブオイル、塩…適量

作り方
1　野菜を水で洗い、水気をよく切る。ニンジン以外の
　　野菜を食べやすい大きさにちぎって皿に盛りつける。
2　ケッパー、オリーブを全体にちらし、油切りしたツ
　　ナを真ん中あたりに載せる。
3　チーズグレーターでニンジンをスライスしながら全
　　体にふりかける。
4　チーズグレーターでナチュラルチーズをスライスし
　　ながら全体にふりかける。
5　お好みでオリーブオイルをかけ、塩で味を調整する。

ツヴィリングのフライパン

　ツヴィリングは世界3大刃物工業都市のひとつ、ドイツ・ゾーリンゲンで300年近くに渡り様々な調理器具を作り続けるブランドで、僕はいくつもの道具を愛用している。近年、使う頻度が高いのがマルキナフライパンだ。大きく深さがあるものを使っているが、炒めるだけでなく煮込み料理から揚げ物まで、これひとつで何でも作れるので、日常の調理でとても重宝している。

　アルミニウム素材に特殊な加工が施されていて、食材にじっくり熱が入るためどんな料理も美味しく仕上がる。何より嬉しいのは焦げつかないこと。さっと汚れが落ちるので、片づけがすこぶる簡単だ。

　ストウブやタークのような昔から変わらない堅実な道具は、手入れをしながら一生使い続けるものだと思う。最先端の加工が施された調理器具はこれらに比べると寿命は短い。しかし新しい調理道具の進化は目を見張るものがあり、手頃な値段のものも多く、とても魅力的だ。

　歴史のある、ずっと変わらない道具が好きだ。しかしそれにこだわることなく、新しい道具をどんどん取り入れたいとも考えている。できるだけ楽をして気軽に楽しむことが、料理を続ける一番のコツだと思う。

焦がしチーズのバターパスタ

材料（2人分）
バター…30g　　パルメザンチーズ…大さじ5
お好みのショートパスタ…120g
岩塩、オリーブオイル…適量

作り方
1　フライパンを中火にかけ、温まったらバターを入れる。パスタの茹で汁を大さじ2加える。
2　鍋にたっぷりの水を入れしっかり沸騰させて、湯の1%くらいの岩塩を入れる。ショートパスタを入れて、指定の時間茹でる。
3　茹で上がったパスタを1に入れ、パルメザンチーズを大さじ2加える。とろみが出るよう混ぜあわせる。
4　1とは別に、焦げつきにくいフライパンを用意する。弱火にかけ、温まったところでパルメザンチーズを大さじ1入れ、平たくする。
5　弱火で表面に少し焦げ目がつくくらいまで焼く。パリパリの状態になったらヘラなどではがす。この焦がしチーズを3枚作る。
6　3を皿に盛り、上に5を載せる。

パスタスケール

　料理用スケールは毎日のように使う必需品である。店では正確で使いやすいデジタル式を使っているが、家では意匠が気に入った壁掛け式の古いものを、部屋のインテリアを兼ねて使っている。

　我が家はパスタを食べることが多く、このスケールはパスタ用として活躍している。菓子やパンを作る時には１ｇ単位までの正確な計量が必要だが、家でパスタを計るのであれば、そこまでの正確性や利便性を求めなくてもいい。パスタに限らず、イタリアンはざっくりとした計量でも大きく味がぶれることなく美味しく簡単にできる、とても頼もしい存在だ。

　イタリアの人たちはパスタでお腹を満たすことは少なく、前菜とメイン料理の間を繋ぐものという意識があるようだ。僕も家でパスタを作る時、１人分約60g、4人分でおよそ250gを目安にしている。これは日本における一般的なパスタと比べるとかなり少ないと思う。

　江戸時代、江戸っ子たちは蕎麦を主食ではなく間食と捉えていて「江戸っ子は蕎麦でお腹を膨らましてはいけない」と言われたそうだ。イタリア人にとってのパスタも、そんな存在なのかもしれない。

シラスのオイルパスタ

材料（2人分）
釜あげシラス…200g　　ニンニク…1片
アンチョビフィレ…1尾　　イタリアンパセリ…5本
スパゲッティ…120g
オリーブオイル、岩塩、イタリアンパセリ…適量

作り方
1　フライパンに大さじ3くらいのオリーブオイルを入
　れ弱火にかけ、スライスしたニンニクを入れる。ニ
　ンニクがほんのり茶色になるまで、回しながらしっ
　かり炒めて香りを出す。
2　1にアンチョビフィレ、パスタの茹で汁大さじ1、
　シラス（半量）を入れてさっと炒める。
3　鍋にたっぷりの水を入れしっかり沸騰させて、湯の
　1％くらいの岩塩を入れる。スパゲッティを鍋全体
　に広がるように入れて、指定の時間茹でる。
4　3をソースのフライパンに入れ、よくからめる。上
　にシラス（残りの半量）と粗く刻んだイタリアンパ
　セリをかける。イタリアンパセリの代わりに、刻ん
　だ大葉やネギをふりかけると和風に仕上がる。

柳宗理のトング

　様々なトングを使ってみて、あることに気がついた。それは数ある料理道具の中でも、殊に使いやすいものが少ないことだ。どれも大差ないと思われがちだが、実のところ性能の差はどの道具よりも大きい。

　サラダやパスタを取り分ける時によく使うが、オリーブオイルがしっかりからんだ料理はとても掴みにくく、単純に力を入れればいいというものでもない。そして、できることなら料理の形を崩さず、きれいな姿のまま皿に盛りつけたい。

　柳宗理のトングは柔らかい曲線をしていて、一見すると料理を落としてしまいそうな形をしているが、力を入れずともすべりやすい食材を上手に掴むことができる。握力が弱い人でも使いやすく、こんなに優しさに溢れたトングは他にない。

　形も機能もすでに完成していて、これ以上の創意工夫は必要ないと思われている簡素な道具ほど、使いやすさの違いが顕著に出るものだ。ニンニクオイルがしっかりからまったペペロンチーノがフォークをすべり、皿の上から逃げるたび、こんなにツルツルした料理さえしっかり掴んでくれる、この美しいトングの実力を再認識する。

菜花のペペロンチーノ

材料（2人分）
菜花…1束　　スモークチキン…150g
ニンニク…2片　　トウガラシ…1本
スパゲッティ…120g
オリーブオイル、岩塩、パルメザンチーズ…適量

作り方
1　フライパンに大さじ3くらいのオリーブオイルを入れ弱火にかけ、スライスしたニンニク、手でちぎったトウガラシを入れる。ニンニクがほんのり茶色になるまで、回しながらしっかり炒めて香りを出す。
2　食べやすい大きさに切った菜花を入れて炒める。菜花がしんなりしたら、スライスしたスモークチキン（スモークベーコンでも可）を入れ、さっと炒める。
3　鍋にたっぷりの水を入れしっかり沸騰させて、湯の1％くらいの岩塩を入れる。スパゲッティを鍋全体に広がるように入れて、指定の時間茹でる。
4　3をソースのフライパンに入れ、よくからめる。仕上げにパルメザンチーズをふりかける。

キャプテンスタッグのバーナー

　僕はキャンプに行くことはほとんどないので、いわゆるキャンプ料理をすることはない。しかしサーフィンが趣味で、時々海に出掛ける。寒い季節は身体が冷え切ってしまうので、海から出たらすぐ熱いものを飲んで芯から温めたい。そんな時にキャンプ用のガスバーナーが大活躍する。

　飲み物を温める他にも、ソーセージなどを焼いて食べるのだが、冷えて疲れた身体にただ焼いただけの熱々の滋味が染み渡り、こんなに美味しいものはこの世にないのではないかと思うことがある。山登りをする知人が、山頂で食べるカップ麺が世界一美味しいと言っていたが、それと通じるものがある。満たされた中で食べる豪華な食事よりも、疲れ切った空腹時に、素晴らしい景色の中で食べる簡素な料理の方がずっと美味しい。僕にとってガスバーナーは、それを楽しむための道具なのだ。

　よく行く海岸近くに、美味しい蟹汁を売っている販売所がある。最後にガスバーナーで温めて食べるのがお決まりで、僕の大好物だ。それに負けない、芯から身体が温まるガスバーナー料理を考えた。これが僕にとっての、世界一の好物になるかもしれない。

ムール貝とアサリのリゾット

材料（2 人分）
ムール貝…12 個　　アサリ…16 個
エビ… 8 尾　　米…60g
オリーブオイル、塩、イタリアンパセリ…適量

作り方
1　鍋にオリーブオイルをしき中火にかける。生米を入
　　れて 5 分ほど、米にオリーブオイルがからむように
　　ゆっくり混ぜながら炒める。
2　1 に水を 200cc くらい、ムール貝、アサリ、エビを
　　加えて炊き込んでいく。水分が減ってきたら水を少
　　しずつ足していき、20 分ほど煮込む。
3　最後に塩で味を整えて、仕上げに刻んだイタリアン
　　パセリをふりかける。

バウルーのホットサンドメーカー

　友人の家に遊びに行った時、トーストはカリカリで香
ばしく中の具材がほどよくとろりとした絶品のホットサ
ンドを出してくれた。これを食べた時にどこか懐かしさ
を覚えたのだが、それはイタリアでよく口にしていたパ
ニーノとよく似ていたからだった。パンに色々な具材を
はさんだ、手軽につまめるイタリアの定番食のひとつだ。
　惣菜屋やカフェなどいたるところで売っていて、家庭
で手作りすることも多い。僕が作って食べていたのは、
パンにハムとチーズをはさんで焼いたものだったが、友
人が作ってくれた味はそれとよく似ていた。
　ずっと欲しいと思いながら、なかなか手にすることが
なかったが、久しぶりに食べた懐かしい味に触発されて、
その友人が愛用していたのと同じものを手に入れた。そ
れはブラジルのサンパウロ州バウルーで生まれ、日本で
作られている、ホットサンドメーカーの元祖と言われて
いるものだった。
　食パンを使い、イタリアで作っていたパニーノと同じ
具材を基本に、旬の食材を加えて朝食によく食べている。
ブラジルで考案された日本製の道具で、イタリアの懐か
しい味を再現していることが、何だか面白いと思った。

ハムとホウレンソウのチーズサンド

材料（2人分）
食パン（薄切り）…4枚　　ハム…2枚
卵…2個　　ホウレンソウ…1束
とろけるスライスチーズ…2枚
オリーブオイル、塩、コショウ、牛乳、バター…適量

作り方
1　ボウルに卵を割り入れ、塩、コショウ、牛乳を少量
　　入れてよく混ぜあわせる。
2　フライパンを中火にかけ、バターを入れて回しなが
　　ら全体に広げる。1を入れ、ヘラで混ぜながらふん
　　わりとした半熟に焼き、バットなどに上げておく。
3　ホウレンソウを4等分に切る。フライパンにオリー
　　ブオイルをしき、中火でさっと炒める。
4　ホットサンドメーカーの上下プレートに、薄くバタ
　　ーを塗る。食パンをしき、2のスクランブルエッグ、
　　3のホウレンソウ、ハム、とろけるスライスチーズ
　　を載せて、上に食パンをかぶせる。
5　4を中火にかける。片面を2分ほど焼き、ひっくり
　　返してもう片面も2分ほど焼く。

イタリアで出会ったサタルニアの白いプレートは、僕の基本ともいえる食器である。イタリアでは定番中の定番で、飲食店はもちろん家庭でも頻繁に使われている、当たり前の存在だった。僕が働いていたイタリアンレストランでも当然のように使っていたが、それがあるのが普通のことで、このプレートの存在を意識することさえなかった。

　東京で最初の店を始めた時は、食器に対する意識はあまりなく、かっぱ橋道具街で売っていた、一般的な業務用の簡素な白い食器を揃えた。しかし、店を始めてしばらくして経ってから、イタリアで使っていたサタルニアの白いプレートと何かが違うと感じ始めた。イタリアのレストランで作っていたものと全く同じ料理を盛りつけているのだが、どこか違うのだ。

　日本の食材を使っているという違いはあれど、調理器具や調味料は全く同じ。味も寸分違わず同じなのだけれど、佇まいは別物だった。

　ある時、店で出しているメニューを家で作って、サタルニアのプレートに盛りつけて食卓に置いた瞬間に、その何かがはっきりとわかった。その違いはプレートにあったのだ。ぱっと見は同じように見える白い皿でも、それぞれに表情の違いがあって、サタルニアのプレートは僕の料理を一番引き立ててくれることに気がついた。

それに、味はひとつも変わらないはずなのに、いつも
よりも美味しく感じたのだ。サタルニアは工業製品であ
るのだけれど形が不均一で、ひとつずつ、ちょっとずつ
違う。ただイタリアのおおらかな部分が出ているだけか
もしれないけれど、僕にとってはそこが魅力的である。
それぞれ個性があるがゆえに、僕の料理を美味しそうに
見せてくれるのかもしれない。

　食器は、物理的には味を変えることはないけれど、気
持ちの上で味に大きな影響を与えるものであることに、
ようやく気がついた。

　これは食器に限ったことではない。どんな場所で、ど
んな景色で、誰と、どんな気分でいただくか。それらで
味は大きく変わるものだ。

　それから僕は、美味しい料理を作るだけではなく、料
理を美味しくいただくための様々な事柄も大切にしたい
と思うようになった。

　殊に、プレートやグラスのような、店でも家でも毎日
使うものに僕が求めていることがいくつかある。まず一
番に、使い心地がよいこと。日々接するものだから何よ
りも大切だけれど、これは感覚的なものである。誰かが
心地いいと思うものを、僕が必ずしもそう思うとは限ら
ない。色々と試しながら、自分の感覚と暮らしにしっく
りくるものを見つけてきた。

替えがきくものであることも重要だ。僕はものを丁寧に使うことが苦手で、自分では普通に使っているつもりなのだが、他の誰よりも早くものを駄目にしてしまう。壊したり失くしてしまうことも多い、そそっかしい性格だ。ようやく出会ったお気に入りの食器を落として割ってしまったことが何度もある。もう二度と手に入れることができなくて、悔しい思いをすることも多かったから、いつしか、いつでも同じものが手に入る、定番と呼ばれている品を率先して選ぶようになった。

　そして、僕が普段使うものに求めている視点がもうひとつあることに気がついた。それは、存在感がないことだった。そのもの自体に主張がないと表現するとわかりやすいかもしれない。否定的な言葉に聞こえるかもしれないが、それがあることを意識させないほど生活に溶け込んでいるという証拠であって、道具として理想的だと僕は思う。ここで案内する、食を彩る道具にはどれも、その３つが備わっている。

　そうした視点で、食器をはじめとする食を彩る道具たちを選ぶようになってから、僕の料理も大きく変わっていった。料理は見た目の華やかさも大切だけれど、本質的な軸がしっかりできていることが肝心だ。無駄な装飾がない分、ごまかしがきかないから、料理人の腕がより試される。しかし、過剰な演出がない方が味の核心がし

っかりと伝わる。そんなふうに料理に対する意識を変え
てくれたのは、僕がいつも何気なく使っていた道具たち
だった。

　イタリアンにも流行り廃りがあり、それを意識してい
た頃もあった。しかし、時代を意識することで自分の軸
がぶれていき、結果として一番の時代遅れになってしま
うことを知った。

　僕は、それとは真逆の視点でいつも道具を選んでいる。
流行りとは遠く離れたところで、自分がずっと使い続け
たいと思うものを、自身の感覚に耳を澄まして探してき
た。その視点が料理にもいい影響を与えてくれて、結果
として、僕にしかできないイタリアン、店作りに辿り着
いたように思う。

　僕の料理人人生は、イタリアのレストランで、皿洗い
や掃除、仕込みなどの雑用から始まった。ようやく厨房
で包丁を握ることを許され、初めて作った前菜を、何も
考えることなく店で使っていた白い皿に盛りつけた。

　後にたくさんの大切なことを教えてくれたのが、その
サタルニアのプレートだった。一見、何の変哲もないた
だの白い皿だけれど、長年に渡りイタリアの人々に愛さ
れている。その理由ははっきりとは語れないけれど、使
ってみればそれがわかる。僕が目指しているのは、そん
なイタリアンだ。

サタルニアのプレート

　無骨でボテっとした簡素な白い姿はどんな料理を盛り
つけても映える、包容力のある皿だ。大きさや形が豊富
かつ求めやすい値段なので、店でも家でも様々揃えて料
理にあわせて選んでいる。

　厚みがあるので、決して軽く使いやすいわけではない
が、その分とても丈夫だ。長年使っているが、多少乱雑
に扱ったとしても欠けたり割れたりすることがほとんど
ないところも頼もしい。

　僕は、柄や色、意匠に凝った器で料理を演出すること
が不得手だ。せっかく個性的な皿を手に入れても、それ
にぴったりくるような料理を考えることがどうも難しい。
味で勝負しているなどということもないが、旬の食材で
作った素朴な料理を真っ白な皿に盛りつけて、気兼ねな
く楽しんで欲しいと考えている。それは店だけでなく家
の食事も同様で、ゆえにこれが僕にとっての理想の皿だ。

　サタルニアは工業製品ではあるが、思想家・柳宗悦が
唱えた〈用の美〉に通じるものがある。すっと馴染み、
気がつくとこればかり手に取ってしまう。イタリア料理
修行の頃から使い続けているので、当たり前の存在にな
っているが、そういう皿は僕にとってはこれだけだ。

生ハムメロン

材料（２人分）
アンデスメロン…1/4 個　　生ハム…２枚
イタリアンパセリ…１本　　オリーブオイル…適量

作り方
1　メロンを縦に半分に切る。種をスプーンで取る。
2　さらに４等分に切る（1/8 の大きさ）。
3　皮と果肉の間に半分まで包丁を入れ、反対方向から
　　も包丁を入れる。お好みでひと口大に果肉を切る。
4　生ハムを上に載せ、オリーブオイルをかける。イタ
　　リアンパセリを添える。
5　完熟した旬の果物を使うことが肝心。メロンの他に、
　　旬の桃やイチジクで作っても美味しい。

ボデガのグラス

　ボデガはイタリアで200年近く前に創業したガラスメーカーで、そのグラスはレストランやカフェはもちろん、家庭でもよく使われている。イタリアでは誰もが一度は使ったことがある、定番中の定番だ。

　簡素な円柱形をしていて、これといった特徴がないように見えるが、これがとても優れものなのだ。僕が何より好きなのは、何の変哲もないように見えるけれど、完成された過不足のない完璧な形状である。

　飲み物や料理を入れた時に、それが最も感じられる。フルーツポンチなどデザートのための器として使うことも多く、このグラスに入れると果物が一際美しく輝く。飲み物や料理の魅力を最大限に引き出してくれるのだ。

　３つの大きさがあり、用途に応じて使い分けている。店だけでなく家にも揃えているが、絶妙な大きさで、この３つさえあれば全てがこと足りる。

　耐熱強化ガラスなのでとても丈夫で、簡単に割れることはない。電子レンジや食洗機も使えて、お手頃で、どんな飲み物も料理も包容してくれる。毎日使う道具としてこれ以上のものはないと思う。僕の暮らしになくてはならない、最強のグラスである。

白ワインのフルーツポンチ

材料（2人分）
キウイ…1個　　バナナ…1本　　オレンジ…1個
ブルーベリー…10粒　　ミント…6葉
白ワイン…500cc　　ハチミツ…100g

作り方
1　鍋にワインを入れて中火にかける。アルコール分を
　　飛ばしながら半分になるまで煮詰めて、味を濃厚に
　　する。
2　火を止めて温かいうちにハチミツを加え、よく混ぜ
　　る。その後、常温に冷ます。
3　果物類を食べやすいひと口大に切り、2に入れる。
4　大きめのガラスの器2個に分け入れ、ラップをかけ
　　て冷蔵庫で冷やす。
5　上にミントを載せていただく。他の旬の果物でも美
　　味しくできるので、お好みで自由に楽しんで欲しい。

ウェックのガラス保存容器

　我が家のガラス容器は全て、ドイツで1900年から作られているウェックのもので揃えている。それは基本的にずっと同じ意匠で、変わることがないから。本体、蓋、パッキン、蓋を留めるためのクリップが別売りされていて、大きさの種類も豊富だ。用途にあわせてその都度パーツを組みあわせて使うことでき、使い勝手がよく自由度が高い。

　キッチンに色々な容器があると乱雑に見えてしまうが、ひとつの製品でまとめると美しくなる。キッチンに統一感を出すという点においても優れものである。

　塩、砂糖などの粉ものを入れるだけでなく、ピクルス作りのための容器にも最適だ。僕は残った野菜をウェックでよく漬けていて、調理道具としても大活躍している。

　ガラス素材なので、調理中のコンロのそばに置いても焦がしてしまう心配がないところも嬉しい。近年、保存容器の大半はプラスティック素材となっているが、僕はなぜだか新素材よりも、昔からある素材で作られた道具に惹かれてしまう。地球環境への負担などは置いておいたとしても、毎日使うものだからこそ、身体が心地いいと感じるものを選びたい。

白ワインビネガーのピクルス

材料（2人分）
ブロッコリー…1/2個　　カリフラワー…1/2個
キュウリ…1本　　パプリカ（赤・黄）…各1/2個
白ワインビネガー…200cc　　砂糖…大さじ4
ローリエ…1枚

作り方
1　野菜をひと口大に切る。
2　鍋に白ワインビネガーと砂糖を入れて、中火にかける。沸騰したら火を止めて、熱いうちに野菜とローリエを入れる。
3　粗熱が取れたらガラス容器に入れて、蓋をして冷蔵庫で冷やす。
4　3日くらい漬けたら完成。冷蔵庫で2週間くらいは保存可能だが、野菜のシャキシャキした歯応えが楽しめる、漬けてから1週間までがおすすめの食べ頃。

イギリス製のスープボウル

　朝食がパンの時は、一緒にスープを食べるのが我が家のお決まりなのだが、長年ちょうどいい器が見つからないでいた。ごはんなら茶碗、味噌汁なら椀、蕎麦なら蕎麦猪口（ちょこ）など、それぞれぴったりの器があるけれど、スープのための器となるとどれも「帯に短し襷（たすき）に長し」だった。スープ用のボウルも試してみたが、たっぷり具材が入った我が家のスープを食べるための器としては少し小さく、どうもしっくりこなかった。

　この器がどんな用途で作られたものなのかはわからない。おそらくスープ用ではないと思うのだが、これで野菜をたっぷり入れて煮込んだスープを食べた瞬間、長年探していたスープのための器にようやく出会うことができたと感じた。特にこれといった特徴のない白いボウルで、積み重ねて置けるところも気に入っている。

　毎日使う器は、使っていて心地いいかどうかが肝心だ。意匠の気に入った高価なものを、不便を感じながら丁寧に使うよりも、多少煩雑に扱っても丈夫で、もし壊してしまったとしても簡単に替えがきくものを使いたい。そして、その存在を忘れてしまうほど料理に寄り添ってくれる、簡素な器が一番いい。

菜の花とレンズ豆のスープ

材料（2人分）
タマネギ…1/2 本　　ニンジン…1/2 本
菜の花…1/2 束　　キャベツ…1/8 個
レンズ豆…大さじ 2　　オリーブオイル…大さじ 3
塩…適量

作り方
1　タマネギとニンジンを 5 mm くらいの角切りにする。
　　菜の花とキャベツを食べやすい大きさに切る。
2　鍋にオリーブオイル大さじ 3 をしき弱火にかける。
　　温まったら野菜とレンズ豆を入れる。タマネギがし
　　んなりして透明になるまで、7 分くらい炒める。
3　野菜全体が浸るくらいの水を入れる。
4　塩を小さじ 1 入れて、野菜がくったりするまで 7～
　　10 分煮込む。水気が少なくなったら足して、野菜
　　全体が浸るくらいを保つ。
5　味見して塩気が足りない時は、少し塩を加えて好み
　　の味に調整する。

ヒースセラミックスのマグカップ

　イタリアではドリップコーヒーではなくエスプレッソを飲む習慣がある。エスプレッソは、深煎りのコーヒー豆を使い、圧力をかけて濃厚に抽出したもの。どの家庭にもマキネッタと呼ばれる小型の直火式エスプレッソマシンがあり、一日に何杯も飲む人も多い。濃く抽出した少量に、砂糖やミルクをたっぷり入れて飲むのが一般的なので、カップはとても小さい。

　イタリアから戻ったばかりの頃は、家でもマキネッタでエスプレッソを作っていたが、いつしか手軽に淹れられるドリップコーヒーを飲むようになった。それにあわせて、たっぷり注げて、厚みがあって冷めにくいマグカップを使うようになった。

　長年愛用しているマグカップは、アメリカ・サンフランシスコを旅した時に手に入れたものだ。ヒースセラミックスは1940年代から続くカリフォルニアの陶器メーカーで、現在でも同地において、変わらない意匠と製法で丁寧に作り続けている。

　少し下の位置についた持ち手や、少し垢抜けないどこか懐かしさを感じるポテッとした風貌、温かみのある色合い、積んで置けるところ、その全てが愛らしい。

黒糖のキャロットケーキ

材料（17cm のパウンド型）

ニンジン…150g　　クルミ…100g

パイナップル缶…200g　　レーズン…100g

薄力粉…150g　　重曹…小さじ 2　　塩…小さじ 1.5

卵… 2 個　　黒糖…100g　　サラダ油…70g

A　クリームチーズ…200g（常温にしておく）

　　バター…50g（常温にしておく）　　砂糖…40g

作り方

1　ニンジンを粗めにすりおろす。パイナップルを細か
　　く刻み、水気を切る。

2　薄力粉、重曹、塩をふるう。

3　ボウルに卵をとき、黒糖を入れてよく混ぜる。サラ
　　ダ油を少しずつ加え、白くなるまで混ぜあわせる。

4　3 に 1、レーズン、クルミを入れ、混ぜる。

5　4 に 2 の粉類を加え、さっくり混ぜる。

6　5 をパウンド型に入れ、170 度で 30 ～ 40 分焼く。

7　A の材料を混ぜあわせる。

8　キャロットケーキが冷めたら、7 を間にはさみ、上
　　にも載せる。

ケメックスのコーヒーメーカー

　美しく無駄のない形ながら、実験道具のような無骨さもある佇まいに惹かれていたが、手にする機会を逃していた。だから、誕生日プレゼントに弟が贈ってくれた時の喜びはひとしおだった。

　実際に使ってみて、意匠だけではなく機能も優れていることを実感した。フィルターとサーバーが一体になっているので、これひとつあれば簡単にコーヒーが淹れられ、濃度の調整も自在にできる。来客があった時にはそのまま出して、各自好きなだけコーヒーを注いでもらえる。ニューヨーク近代美術館をはじめ、いくつもの美術館に永久収蔵されていて、テーブルにあるだけで絵になる。

　厚みのあるガラスは今でも職人がひとつずつ吹いて手作りしていて、よく見ると1個ずつ微妙に違うそうだ。革の紐で縛った木製の持ち手も美しく、使っているうちに風合いが増していくところも味わい深い。工業製品ながら、作り手の温もりを感じられるところが、愛着が湧く理由なのかもしれない。

　なくても困らないけれど、普段の生活を豊かにしてくれるものがいくつかある。このコーヒーメーカーはまさにそれで、とても愛おしい道具なのだ。

鶏むね肉のベーコン巻きサンド

材料（2人分）
鶏むね肉…200g　　ベーコン…6枚
トマト…1個　　カンパーニュ…大4切れ
オリーブオイル、塩、コショウ…適量
A　濃く淹れたコーヒー…30cc
　　ケチャップ、中濃ソース、ハチミツ…各大さじ1

作り方
1　鶏むね肉を2枚にスライスして、両面に軽く塩コショウをふる。ベーコンを3枚ずつ、鶏むね肉にぐるりと巻きつける。
2　フライパンにオリーブオイルをしき、中火にかける。温まったら1を入れ、片面を5分ほど焼く。ひっくり返してもう片面も5分ほど焼く。
3　Aのソースの材料をボウルに入れて、よく混ぜあわせる。
4　3のソースを2に入れて、鶏むね肉とよくからめる。
5　輪切りにしたトマトと4をカンパーニュにはさむ。ハンバーガー用のバンズにはさんでも美味しい。

フランス製のワイングラス

　飲む時に手の熱で温まらないよう、脚のついたワイングラスが生まれたとされている。店では、赤ワインは香りを楽しむために大きいもの、白ワインはぬるくなる前に飲みきれるよう小さいものと、ワインの種類にあわせてグラスを使い分けている。

　家では細かいことは考えないで、口に触れた時の感触が快いグラスを選んでいる。いくつかあるワイングラスの中でよく使っているのは、フランス製のアンティークのものだ。いつ頃作られた何というブランドのものなのか、詳しいことはわからないのだが、口当たりが優しく、ワインの柔らかな香りが感じられる。

　お客さんから「同じワインを家で飲んだけど、店の方が美味しかった」と言われたことがある。適度な緊張がある方が、味覚は繊細になるそうだ。気分次第で味は大きく変わるものだから、お気に入りのワイングラスで飲めばより美味しく感じられるはず。これこそがワインを美味しく飲むために一番大切なことなのかもしれない。

　家でワインを飲む時の僕の定番おつまみは、枝豆にカラスミをあえたもの。意外な組みあわせだが、これが案外、白ワインにも赤ワインにもよくあうのだ。

カラスミ枝豆

材料（2人分）
枝豆…300g（1袋）　　カラスミ…5g　　塩…適量

作り方
1　枝豆をざっと水洗いし、水気をよく切ってボウルに入れる。小さじ2くらいの塩をふりかけて、よくもみ込む。
2　大きな鍋にたっぷりの湯を沸かし、塩（水1リットルに対して大さじ2くらい）を入れる。沸騰したら1（塩がついたまま）を入れる。
3　弱火にし、5分くらい茹でる。途中、湯を少しかき混ぜると均一に茹でられる。
4　茹で上がったら皿に盛りつけ、カラスミをチーズグレーターなどで粉末にして上にふりかける。粉末になったカラスミパウダーもあるので、それを使うとより手軽にできる。

スタンレーのボトル

　百年以上前から真空スチールボトルを作り続けている老舗ブランド。とにかく丈夫で保温性も素晴らしい。以前持っていた他のブランドの古い保温性ボトルは、中がガラス製だったためか、一度床に落としただけで割れてすぐに使えなくなってしまった。スタンレーは何度もぶつけたり落としたことがあるけれど壊れることなく、20年以上同じものを使い続けている。

　百年近く前に作られた古いスタンレーのボトルを見せてもらったことがあるが、基本的な形状は僕が使っているものと同じだったことにとても驚いた。違っていたのは、蓋にコルクを使っていたことくらいだった。きっと外見からはわからない細かなところには手を加えて、大きく進化しているのだろうが、誕生から百年経ってもほとんど変わらない姿で今なお作られ続けている保温性ボトルは、世界中でスタンレーただひとつかもしれない。

　他のブランドの最新式のボトルを使ったこともあるが、保温性は全く劣っていなかった。無骨でちょっと古めかしい顔をしているけれど、頑強で高性能、質実剛健なこのボトルが大好きだ。間口が広くて調理にも使えるので、僕はよくスタンレーのマグでレモネードを作っている。

ハニーレモネードソーダ

材料（2人分）
レモン…1個　　ハチミツ…50g
炭酸水…500cc　　ミント…4葉

作り方
1　容器に、輪切りにしたレモンとハチミツを入れて、
　　一晩漬けておく。苦味が苦手な方は、レモンの皮を
　　切り落とす。
2　氷を入れたグラス2個に1を半量ずつ入れ、炭酸水
　　を250ccずつ注ぐ。
3　手でちぎったミントを入れる。
4　冷たい飲み物が苦手な場合は、常温の水で割っても
　　美味しい。寒い季節は、炭酸水と氷の代わりに熱湯
　　を注いで作る、ホットレモネードがおすすめ。盛夏
　　にはかき氷のシロップとしても楽しめる。

大きなスプーン

　我が家には、料理を取り分けるために使っている大き
なスプーンがいくつもある。大きな皿に盛った料理をお
のおの、好きな分だけ小皿に盛って食べるのが好きだ。
だから、必ずひとつの料理に1本ずつ、大きなスプーン
を用意する。

　自分の箸やスプーンで小皿に取ればいいのだから、い
ってしまえばなくても困らないものである。けれども、
皿に大きなスプーンがないと寂しく感じてしまう。その
姿と存在が、愛おしくてたまらないのだ。

　取り分けるためのスプーンが必要になるラザニアやグ
ラタンを作ることが多いのは、それが食べたいというこ
とよりも先に、大きなスプーンを使いたいという気持ち
があるからかもしれない。

　僕の両親は弁当と惣菜の店を営んでいて、1階が店、
2階が住まいという環境で幼少期を過ごした。店を始め
たばかりの頃は、一家揃ってゆっくり食卓を囲むことが
なかなかできなかった。

　しかし店が休みの日は、大皿に盛られた料理を取り分
けて、家族皆で食べた。大きなスプーンは僕にとって楽
しい団欒の象徴なのかもしれない。

リガトーニのラザニア

材料（2人分）
ミートソース…300g　　ベシャメルソース…200g
リガトーニ…100g　　パルメザンチーズ…大さじ3
モッツァレラチーズ…80g　　パン粉…大さじ1
トマトソース…大さじ6
オリーブオイル、岩塩…適量

作り方
1　鍋にたっぷりの水を入れ沸騰させて、湯の1％くらいの岩塩を入れる。リガトーニを指定の時間茹でる。
2　フライパンにミートソース（作り方は151頁参照）と水50ccを入れて中火にかける。
3　茹で上がったリガトーニを2に入れ、パルメザンチーズ大さじ1を加えてさっと混ぜる。
4　耐熱皿に3を入れ、温めたベシャメルソース（市販品）をかける。その上にちぎったモッツァレラチーズ、パルメザンチーズ大さじ1、パン粉をかける。
5　200度のオーブンで6分ほど焼く。
6　皿に盛りつけ、上に温めたトマトソース（市販品）とパルメザンチーズをかける。

テーブルクロス

　イタリアのレストランは、大きく３つに分類されている。高級店はリストランテ、大衆的な店はトラットリア、日本の居酒屋のような雰囲気の店はオステリアと呼ばれている。リストランテのテーブルには真っ白いパリッとしたテーブルクロスが敷かれていて、店を始めた当初、それを意識してクロスを掛けていた。しかし僕が本当に目指していたのは街の人たちがふらっと立ち寄れる店だったから、いつの頃からかテーブルクロスをなくし、気軽に親しんでもらえる雰囲気に変えていった。

　店では使うことはなくなったが、テーブルクロスがあるだけで食卓が一気に華やかになるから、特別な日や家に客人を招く時は、お気に入りを食卓に掛けるようにしている。

　旅先で好きな柄を見つけると、テーブルクロスにしようとあれこれ求め、いつしか様々な土地の布地が集まっていた。来客があるたび、季節やその日の料理にあわせてお気に入りの１枚を選ぶことが僕の楽しみのひとつになっている。時には、布の柄からメニューを決めることもある。フィンランド製のこのクロスには、北欧名物のミートボールがぴったりだ。

ホワイトミートボール

材料（2人分）

合い挽き肉…200g　　タマネギ…1/4 個

卵黄…1個分　　生クリーム…100cc　　パン粉…40g

オリーブオイル、塩、コショウ、ナツメグ、薄力粉…
適量

作り方

1　ボウルに合い挽き肉、みじん切りにしたタマネギ、
　　卵黄、パン粉、生クリーム小さじ1、塩、コショウ、
　　ナツメグを入れて、しっかり混ぜあわせる。

2　1を6等分して、団子状に丸める。全体に薄力粉を
　　薄くまぶす。

3　フライパンにオリーブオイルをしき、中火にかける。
　　2を入れ、キツネ色になるまで焼く。

4　別のフライパンに生クリームを入れ、中火でひと煮
　　立ちさせる。

5　3を入れて、中火で3分ほど煮込む。とろみがつい
　　たら、塩で味を整える。

6　お好みで、茹でた白インゲンと好きな香草を添える。

イエティのクーラーボックス

　平日は東京で働き暮らし、週末を栃木県那須町の山の中にある家で過ごす二拠点生活を送っている。食材の余りがあれば持って那須へ行き、そして那須で買った旬の食材を今度は東京へ持ち帰る。この暮らしを始めて真っ先に必要になったのがクーラーボックスだった。

　店で毎夏開催しているイベントでも使える大容量で、繊細な食材も難なく運ぶことができるものが欲しいと探していた時にめぐりあったのが、このクーラーボックス。最初は見た目の愛らしさに魅了され、夏のイベントでこれが店先にあったら素敵だろうなという安直な理由で選んだのだが、毎週末のように使ってみて、圧倒的な保冷力と頑丈な作りに驚いた。

　ある夏休みの週末、クーラーボックスを１日中、車内に置いたままにしたことがあった。陽があまり当たらない木陰に停車したとはいえ、車中は相当な温度になるはず。持ってきた食材は絶対だめになっているだろうと諦めながら開けてみると、入れてあった氷がまだ半分以上残っていて、持参した食材は新鮮なままだった。

　那須の新鮮な食材を使った料理を店で出すこともある。これはイエティがなかったら生まれなかったメニューだ。

夏野菜のグリル

材料（2人分）
ズッキーニ…1/2本　　ナス…1本　　パプリカ…1/3個
オレガノ…小さじ1　　オリーブオイル、塩…適量
A　バジル…25枚　　EXオリーブオイル…100cc
　　松の実…40g　　ニンニク…1/2片
　　パルメザンチーズ…50g　　塩…ひとつまみ

作り方
1　ボウルにひと口大に切った野菜とオリーブオイル、
　　塩、オレガノを入れてよくあえる。
2　フライパンにオリーブオイルをしき、強火にかける。
　　温まったら1を焼く。片面を2分くらい、フライパ
　　ンを動かさずに焼く。軽く焦げ目がついたらひっく
　　り返し、もう片面を同じく動かさずに2分ほど焼く。
3　A（バジルペースト用）の材料を、フードプロセッ
　　サーでしっかり混ぜて、ペースト状にする。
4　ボウルに、焼いた野菜とバジルペーストを大さじ2
　　入れてよくからめる。バジルペーストは、フードプ
　　ロセッサーが回る分量を多めに作る。残った分はパ
　　スタやサラダなど、様々な料理に活用できる。

マーガレット・ハウエルのエプロン

　エプロンは服を汚さないためだけでなく、料理をする気持ちに切り替えてくれるスイッチのような存在だ。

　見た目も大切だが、動きやすく、準備から片づけまで1日中着衣していても疲れないことが重要。首に紐をかけ後ろで交差するものは、肩がこってしまう。しっかりとした素材は丈夫ではあるけれど、その分重さもあるので身体に負荷がかかる。腰紐がついていてしっかり固定できる、軽い素材のエプロンをずっと探していたが、僕が理想とするものはなかなか見つからなかった。

　お客さんの中にアパレルブランドのマーガレット・ハウエルの方がいて、エプロンの話をしたところ、僕の店のための調理衣を作ってくれることになった。そうして長年求めていたエプロンが完成した。このエプロンは好評をいただき、多くの人が求めてくれた。

　料理は毎日のことだから、負担をなくして楽しくして欲しい。僕が欲しいと願って作ってもらったエプロンがたくさんの人に愛用され、料理の時間を豊かにする役に立っているとしたら、こんなに嬉しいことはない。

　僕がこのエプロンをして最初に作ったのは、マーガレット・ハウエルの出身国イギリスの名物肉料理だった。

スコッチステーキ

材料（2人分）
牛サーロイン…300g　　バター…20g
ニンニク…1/2片
オリーブオイル、塩、コショウ、イタリアンパセリ…
適量

作り方
1　常温にしたバターに、細かく刻んだニンニクとイタ
　　リアンパセリを混ぜ込み、再び冷蔵庫で冷やす。
2　調理前に牛肉を冷蔵庫から出して、常温にしておく。
　　焼く直前に、塩コショウを両面にふる。
3　フライパンにオリーブオイルをしき、中火にかける。
4　温まったら牛肉を焼く。中火で片面を2分ほど焼い
　　たらひっくり返し、もう片面も2分ほど焼く。火を
　　止めて蓋をして、しばらく置き余熱で中までじっく
　　り火を入れる。
5　皿に4を盛り、上に1を載せる。お好みでフライド
　　ポテトなどを添える。

イールプロダクツのコックパンツ

　料理修行を終え、最初に働いたのはアパレル会社が運営する原宿のレストラン。そこは洋服店が併設された店舗で、東京で働くことに慣れていない僕を洋服店のスタッフが助けてくれた。洋服店の店長をしていた高橋寛治さん（あだ名はカンちゃん）と意気投合し、店の片づけをしながら、仕事や将来のことなど、色々な話をした。

　店は順調だったが諸事情で閉店することになった。僕は自分のレストランの開店準備を始めていたが、偶然にもカンちゃんも自身のブランドを立ち上げる計画をしていた。僕たちは同じ頃に店を辞め、同年同月に独立した。

　カンちゃんが立ち上げたブランドの名はイールプロダクツ。世の中にありそうでない服を作り続け、サクラコートなど定番となっている人気服を多数発表している。

　以来交流が続いていて、僕の店のためにいくつもの服を作ってくれた。その完成形がこのコックパンツ。動きやすくきれいな形で、特に気に入っているのは腰につけてくれたナフキンを掛けるループ。着る人のことを考えた何気ないひと工夫が嬉しく、そこに優しさが滲み出ている。このパンツをはいて、久しぶりに原宿の店でよくまかないで出していた、カンちゃんの好物を作った。

生ソーセージのリガトーニ

材料（2人分）
生ソーセージ…1本　　パプリカ…1/3個
タマネギ…1/4個　　白ワイン…100cc
トマト缶…1/4缶（100g）　　オレガノ…小さじ1
リガトーニ…120g
オリーブオイル、岩塩、パルメザンチーズ…適量

作り方
1　タマネギをスライスし、パプリカをひと口大に切る。
2　フライパンにオリーブオイルをしき、中火にかける。
　　1と手で小さくちぎった生ソーセージを入れる。野
　　菜がしんなりしたら白ワインを加え、数分加熱して
　　アルコール分を飛ばす。
3　トマト缶とオレガノを入れ、全体が馴染むまで煮詰
　　める。
4　鍋にたっぷりの水を入れしっかり沸騰させて、湯の
　　1％くらいの岩塩を入れる。リガトーニを指定の時
　　間茹でる。
5　4をソースのフライパンに入れ、よくからめる。仕
　　上げに、お好みでパルメザンチーズをふりかける。

食に関する道具以外も、僕は調理器具や食器などと同じ視点で選んでいる。せっかくなら自分好みの意匠のものを使いたいが、それ以上に、その道具にはどんな物語があって、どのような利点を持ち、それが僕にとって使い勝手のよいものであるかどうかが肝心だ。

　そうした観点で選んでいると、調理道具や食器と同様、自然と長く愛され続けている道具が多くなっていった。決して古い年代ものが好きというわけではない。ずっと以前から作られ続けている道具であっても、使い込んで古くなれば、新しいものに買い換えている。

　琴線に触れるものであれば、発表されたばかりの最新のものも同じように選んでいる。伝統のあるものを変わらず使い続けることを美徳とする文化が日本にはあるように思う。それは守るべき大切な慣習ではあるが、僕は使いやすく性能がいいものであれば、無理をしないで最新技術の恩恵にあずかり、できるだけ楽をしたいと考えている。伝統と利便性、その両方のいいところを上手に取り入れることが、道具選びに欠かせない視点である。

　中学生になり、僕が自身の意思で求めた道具は洋服だった。友達と一緒に、お小遣いを握り締めて初めて自分の洋服を買いに出掛けた僕が選んだのは、今でも変わらず作られ続けているリーバイスのジーンズ〈501〉と、コンバースのスニーカー〈チャックテーラー〉。ともに

はき込むほど自分の身体に馴染んでいく感覚があって、着れば着るほど好きになっていった。

　まだファッションの知識もなく、自分の直感的な好みだけで買ったのだが、それは定番中の定番といわれるものだった。様々な事柄において、思春期に影響を受けたものがその後の人生における全ての基礎となっていると感じることがある。その時すでに、僕の道具選びの指針は知らず知らず決まっていたのかもしれない。それはファッションに限ったことではなく、映画、本、音楽、スポーツなど、その全てにいえる。

　僕は、中学生の頃に影響を受けた映画に登場する車にずっと憧れていた。いつかその車に乗ることを密かな目標にしていて、それが僕の原動力のひとつになったのは確かだ。

　最後の章では、食とは直接関係のない、僕の趣味の目線で選んだ愛用道具を紹介している。先に、楽しく一緒に食卓を囲んで、同じ料理を美味しいと共有できる人とは、心を許しあえる関係をすぐに築くことができると記したが、それは道具選びにも通じるものがある。

　僕のお気に入りの道具と同じもの、全く同じでなくとも、よく似たもの、自分好みでつい選んでしまう色使いのものを愛用している人とは、多くを語らずとも意思を通わせられるように思う。

それは、店選びにもいえることだ。店の造り、置いてある家具や使っている食器、スタッフたちの佇まい、かかっている音楽など、店全体から流れてくる空気が心地よく感じられるところは、味も自分の好みど真ん中であることが多い。

　店に通ってくれるお客さんは、僕たちが作る料理の味だけではなく、この空間を居心地いいと感じてくれていると信じている。多くを語らずとも、本質の部分で似たものに共感を覚え、似た事柄に人生の楽しみを感じている人たちが集まってくれているのだと思う。そうした人たちとの交流は、僕の人生の大きな楽しみのひとつだ。

　もちろん、同じ嗜好の人たちだけで箱庭を作りたいわけではない。色々な人がいるから世界は面白いのだし、自分の視点にはない人の意見を柔軟に取り入れることをとても大切にしている。

　それに、自分自身の考え方でさえ絶えず変化していくのだから、ひとところに留まることがないよう、常に風通しをよくしておきたい。

　先に、料理とは関係ない道具と記したものの、僕にとってはどれも食に繋がる記憶が呼び起こされる、食べることとは切っても切れないものばかりだ。

　イタリアでお世話になったレストランのオーナーに憧れて手に入れた腕時計。初めての自分の店にどうしても

テラス席を作りたくて、探しに探して出会った屋外用の椅子。店の特別な造りのために掛け始めた眼鏡。その全てに、食にまつわる思い出が詰まっている。ここに載せたメニューはどれも、道具たちの記憶とともにある忘れがたい味だ。

　道具との出会いはタイミングだ。ここで紹介したものは、たまたま僕が知ることができて、その素晴らしさを実感できた、世界に無数とある中のほんのひとかけらにすぎない。しかし、まだ知らない道具がたくさんあるからといって、よりよいものを探し続けるのは全く意味のないことだ。

　長年をともにする道具との出会いは偶然であるが、必然だったと感じることが多い。使い込むうちにどんどん愛着が湧いてきて、さらに好きになる。時間をかけてつきあって、ようやく本質をほんの少しだけ知ることができるものだ。そうして、大切にしたいという気持ちがますます大きくなっていく。

　一瞬で恋に落ちることもあるけれど、それが一生のつきあいになるかどうかはわからない。時間をかけて、じわじわと好きになったものの方が、一生をともにする仲になれるような気がしている。きっと食や人とのかかわりも一緒だと思う。僕はこれからも道具と料理の核心を理解できないまま、それでも追い続けていくのだろう。

ホールフーズマーケットのバッグ

　ホールフーズマーケットはアメリカを中心に、カナダやイギリスにも店舗があるスーパーマーケット。初めて訪れた時に、地元の人が斜め掛けにしていた店のオリジナルバッグが目に留まった。マイバッグを持参することが日本でも定着してきたが、僕が初めて訪れた20年以上前から、それが当たり前の風景だった。

　それを真似て日々の買い物でこのバッグを使うようになった。見た目以上の収納力があり様々な料理道具を入れるためのバッグとしても大活躍している。持ち手とともに長いストラップがついていて、肩に掛けたままものを入れることができるのだが、これがとても重宝する。たくさんの道具を入れて雑に使っているがとても丈夫で、一度も破れたことがない。生地は100％オーガニックコットンで、アメリカ製というところも隠れた魅力だ。

　店が所在する地名がプリントされているので、旅の土産にすることもある。我が家にはもらったものとあわせて4つあり日替わりで使っているが、最初にホノルルで求めたものは随分と年季が入ってきた。新しいバッグを手に入れるために、再びハワイを旅をしたい。虹の島に思いを馳せながら、忘れられないハワイの味を再現した。

マグロとサーモンのポキ丼

材料（2人分）
マグロ（刺身用）…150g　　サーモン（刺身用）…100g
アボカド…1個　　赤タマネギ…1/4個　　大葉…2枚
レモン…1/4個　　お好みのふりかけ…適量
冷やご飯…2膳分　　塩…小さじ1
しょうゆ、みりん、酒…各大さじ4（マグロつけだれ用）

作り方
1　ボウルにマグロのつけだれ用の材料を入れて、よく
　　混ぜる。
2　マグロをひと口大のぶつ切りにし、1に漬ける。30
　　分以上冷蔵庫で寝かせる。
3　ひと口大のぶつ切りにしたサーモンをバットに並べ
　　て、レモン汁と塩にひたす。
4　皿に冷やご飯を盛り、ふりかけをかける。2と3を
　　上に載せる。
5　角切りにしたアボカド、スライスした赤タマネギ、
　　刻んだ大葉を上に載せる。お好みで葉物野菜などを
　　添える。

思い出の腕時計

　僕には思い出の腕時計がふたつある。ひとつはイタリアへ旅立つ時に、彼女(僕の妻)が贈ってくれたSEIKOのデジタル時計。全てにおいて過不足がなくすっかり使い慣れていて、料理仕事に欠かせない相棒になっている。

　もうひとつはイタリアで一番お世話になったフィレンツェのレストランのオーナーが毎日していたスイスの老舗時計ブランド・IWCの腕時計。オーナーはカルチョ・フィオレンティノと呼ばれる古代式サッカーの監督をしている地元の名物人で、僕が修行時代に最も憧れた人だ。

　帰国し原宿にあるイタリアンレストランで働いていた頃、たまたま入った店で憧れの時計と再会した。高価であったが無理をすれば手が届きそうな値段。レストランは繁盛していたが、会社の諸事情で閉店することとなり、自分の店を作る計画を始めていた頃だった。僕は憧れの時計をつけて、自身を発奮することを決めた。

　以来、ここぞという時には必ずこの腕時計をするようになった。初心に戻り、憧れのオーナーが力を与えてくれるような気持ちになるのだ。そして、オーナーの笑顔とともに、修行先のレストランの名物料理だった、このパスタの味を思い出す。

レモンとミントのパッパルデッレ

材料（2人分）
レモンの皮…1むき分　　ミント…6葉
バター…20g　　パルメザンチーズ…大さじ3
パッパルデッレ…120g　　岩塩…適量

作り方
1　フライパンを中火にかけ、温まったらバターとパス
　　タの茹で汁大さじ2を入れる。
2　手でちぎったミントと細かく切ったレモンの皮を入
　　れ、ゆっくり回しながらなめらかになるまで温める。
3　パルメザンチーズを入れて、よく混ぜあわせる。水
　　気が少なくなったら、パスタの茹で汁を加えてなめ
　　らかにする。
4　鍋にたっぷりの水を入れしっかり沸騰させて、湯の
　　1％くらいの岩塩を入れる。リボン状の生パスタ、
　　パッパルデッレを指定の時間茹でる。スパゲッティ
　　などの乾麺でもできるが、幅が広く厚い生パスタの
　　方が、ソースがよくからんで美味しく仕上がる。
5　茹で上がったパッパルデッレを3に入れて、ソース
　　としっかりからませる。上にミントを飾る。

鼈甲柄の眼鏡

　僕の店はいわゆる鰻の寝床のような細長い物件だ。眼鏡がなくても生活に支障がないくらいの近視なのだが、店の一番奥からだとさすがにお客さんの顔がはっきり見えない。瞬時に顔がわからないのはよくないと思った日から、店では必ず眼鏡を掛けるようになった。

　ずっと鼈甲柄の眼鏡を掛けている。新調する時に違うフレームを選んでみようと試着するが、どこかしっくりこない。見慣れているせいもあるのだろうが、もはや鼈甲柄の眼鏡は僕の顔の一部のような気さえしている。

　眼鏡を忘れてしまい、裸眼で接客していたある日のこと。顔馴染みに挨拶をしたところ「眼鏡してないから誰なのかわかりませんでした」と言われてしまった。その方は週に何度も足を運んでくれる長年の常連で「ここのイタリアン、週に一度は食べないと何かが足りないって思っちゃうんです」とも話してくれた。

　毎日食べても飽きることがないレストランを目指している。それは少しだけ、僕の鼈甲柄の眼鏡に似ていると思った。なくても生きていけるけれど、ないと何か物足りない。僕が作りたいのはそんなイタリアン。それを最大限に表現した料理が、基本のミートソースパスタだ。

ミートソースパスタ

材料（2人分）
サヤエンドウ…10 さや　　パッパルデッレ…120g
オリーブオイル、塩、岩塩、コショウ、パルメザンチーズ…適量
A　タマネギ…1/2 個　　ニンジン…1/4 本
　　セロリ…1/4 本　　ひき肉…150g
　　赤ワイン…100cc　　トマト缶…1/2 缶

作り方
1　Aの材料の野菜をみじん切りにする。フライパンに
　　オリーブオイルをしき、中火にかけて野菜を炒める。
　　野菜がしんなりしたらひき肉を入れて炒める。
2　火が通ったら赤ワインを入れてアルコールを飛ばし
　　ながら煮詰める。トマト缶を入れてひと煮立ちさせ、
　　塩コショウで味を整えたらミートソースの完成。
3　鍋にたっぷりの水を入れ沸騰させる。湯の 1 ％の岩
　　塩を入れ、パッパルデッレを指定の時間茹でる。
4　3 を 2 に入れてよくからめ、皿に盛りつける。
5　サヤエンドウの筋を取る。1 分ほどさっと茹でて 4
　　の上に載せる。お好みでパルメザンチーズをかける。

トラックのフロアランプ

　幼少期から、ほの暗い明かりで夜を照らす環境で育ってきた。父はかつて建築の仕事をしていたこともあり、インテリアへの感度が高く、当時はまだ珍しかった間接照明で室内を照らしていた。料理修行先のイタリアもほとんどが間接照明で、ほの暗い中で夜を過ごした。

　料理修行を終えて、東京で働くようになった時、夜が明るすぎると感じた。日本人はすっかり明るい夜に慣れてしまったが、電燈がなかった時代、自然の光を上手く取り入れる工夫を住まいに施していた。暗い中にほのかに灯る優しい光は、心を落ち着かせてくれる。

　家も店も、淡い灯で夜を彩っている。僕の一番のお気に入りがトラックのフロアランプ。シェードを通して照らされる灯は、小さなロウソクの炎のように優しくほんのり照らしてくれる。

　橙色の光で包まれるように店の照明を配していて、このフロアランプを外からよく見える場所に置いている。夜のカーテンが降りる直前の黄昏時に、柔らかく放たれる灯を店の外から眺めるたび「今この瞬間が世界一美しい」と、静かに心が揺さぶられる。ボリートは、そのひと時にランプの柔らかい灯の下で味わって欲しい料理だ。

豚バラ肉のボリート

材料（2人分）

豚バラ肉（ブロック）…300g　　タマネギ…1/2 個

ニンジン…1/2 本　　セロリ…1/2 本

ジャガイモ…1個　　ニンニク…1片

白ワイン…200cc

オリーブオイル、塩、ローズマリー…適量

作り方

1　ポリ袋に豚バラ肉と塩4gを入れてよく馴染ませる。
　　一晩冷蔵庫で寝かせて、豚肉に塩味を染み込ませる。

2　野菜をざく切りにする。

3　鍋にオリーブオイルをしき、中火にかける。ざく切
　　りにした野菜を、しんなりするまでさっと炒める。

4　1を常温に戻しておいて、3に入れる。白ワインと
　　水を 200cc ずつ加える。

5　ローズマリーを入れて蓋をして、弱火で1時間くら
　　いじっくり煮込む。

アルヴァ・アアルトの椅子

　夕食が終わった後、お気に入りの椅子に座り、お酒を飲みながら本を読んだり映画を観たり、音楽を聴くのが僕にとっての至福の時間だ。ベッドを除いて、家の中で一番長い時間を過ごすのがソファーの上だから、意匠以上に座り心地を大切にしている。

　店で使う椅子も同様だ。必ず実物に座ってみて、心地よいか、食事がしやすいかを自身で体感してから購入を決める。店の椅子は色々な人が座るので、誰もが気分よく楽しい時間を過ごせることを重視している。

　片や、家で寛ぐための椅子となると、自分と家族がいかに快適に過ごせるかということを考えて選ぶ。フィンランドを代表する建築家、デザイナーであるアルヴァ・アアルト氏が設計したこの椅子は、これ以上ないと思うほど優しく全身を包み込んでくれる。きっと誰が座ったとしても最高の心地よさだと思うが、僕の身体の大きさにぴったりあっているようで、肘を載せた時のしっくりくる感覚は、他の椅子ではなかなか味わえない。

　お酒を飲みながら軽くつまむ料理がいくつかあるが、その中でもこれは僕のとっておきの、このアームチェアーのために考えたおつまみだ。

鶏レバーペースト

材料（2人分）
鶏レバー…250g　　タマネギ…1/2個
ケッパー…小さじ2　　アンチョビフィレ…4尾
生クリーム…50cc　　白ワイン…50cc
オリーブオイル、バゲットなどお好みのパン…適量

作り方
1　フライパンにオリーブオイルをしき中火にかける。
　　スライスしたタマネギをしんなりするまで炒める。
2　鶏レバー（心臓、筋、血の塊を取っておく）をひと
　　口大に切り、1に入れる。
3　鶏レバーに火が通ったら白ワインを加えて、アルコ
　　ール分が飛ぶまで炒める。生クリームを入れてひと
　　煮立ちさせる。
4　容器に3とアンチョビフィレ、ケッパーを入れて、
　　フードプロセッサーでなめからになるまでしっかり
　　混ぜ、ペースト状にする。
5　お好みのパンにつけていただく。

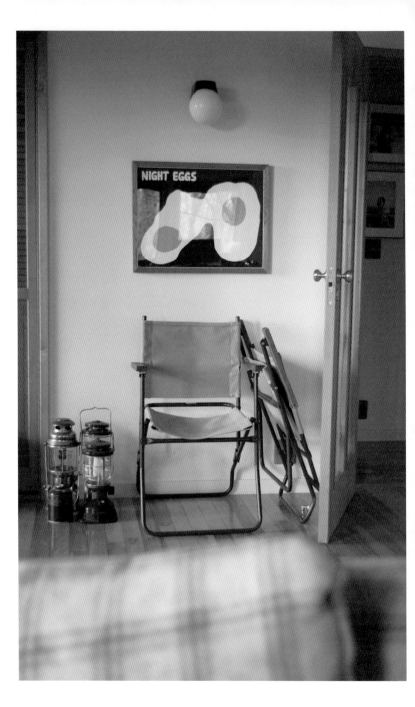

ローバーチェア

　元々はイギリス軍が、四輪駆動車ランドローバーに載せるために作った折りたたみ式の椅子。店を始める前、テラス席のための椅子を探している最中に中古家具店で目にした、簡素ながら機能美を感じる姿に一目惚れした。値札を見ると、イギリス軍の払い下げ品のためかとても手頃で、思わず店で必要な数よりも多く持ち帰った。

　いつも直感で好みの道具を選んでいるが、どうもイギリスのものに惹かれるようで、知らず知らずイギリス製を手にしていることが多い。

　その数年後、僕は長年憧れていた古いランドローバーを手に入れ、この椅子を積んで出掛けるようになった。実のところ、ローバーチェアが生まれた由来を知ったのはつい最近のこと。車に載せた時の愛称のよさをずっと感じていたのだが、それも当然だったのだ。

　那須にある山の家では、外のデッキで食事をする時に使っているが、折りたたみ式の椅子にもかかわらず、長時間座っていても全く疲れない。太陽の光にも雨にも強く、キャンバス生地は長年使っていてもへたばることがない。屋外で快適に過ごすための椅子として、最強だと思う。

エビとズッキーニの前菜

材料（2人分）
エビ…10尾　　釜あげシラス…100g
ズッキーニ…1本　　ミニトマト…10個
種なしオリーブ…10個　　ニンニク…1片
白ワイン…100cc　　塩、オリーブオイル…適量

作り方
1　鍋にオリーブオイルを大さじ3入れ、中火にかける。
　　スライスしたニンニクを入れて、香りを出しながら
　　炒める。
2　輪切りにしたズッキーニ、殻と背わたを取ったエビ、
　　シラス、ミニトマト、オリーブを入れる。
3　白ワインと塩ひとつまみを入れて、蓋をして中火で
　　3分ほど置く。
4　そのまま前菜としていただくだけでなく、パスタの
　　ソースにしても美味しい。

山の家のためのカップボード

　ずっと賃貸暮らしだった僕たち家族にとって、那須の山の家は、初めての〈我が家〉だった。別荘と言われることもあるのだが、那須の山の家こそが、僕たち家族のホームだと思っている。

　山の家を象徴するような、ずっと使い続けられる家具が欲しいと思い、奮発してカップボードを作ってもらうことにした。相談したのは僕がずっと憧れ続けていて、店でも長年椅子を使っているトラックの黄瀬徳彦さん。僕の願いを快諾してくれた黄瀬さんは、丁寧に要望を聞いてくれた。そうして、皿を並べやすいよう、ワインが置きやすいよう、下に薪を置けるよう、全てのかゆいところに完璧に手が届くように熟慮して作ってくれたカップボードが完成した。

　暖かい季節には、屋外のデッキでバーベキューをすることもあるが、殊に外のテーブルに様々な器などを運ぶ時に、このカップボードの使いやすさを実感する。これ以上、僕たち家族の暮らしに寄り添ってくれる家具はないと心から感じている。今やすっかり我が家の顔となったカップボード、ずっと大切に使いながら、家族と一緒に長い時を刻んでいきたい。

夏野菜のミネストローネ

材料（2人分）
インゲン…10本　　ズッキーニ…2本
オクラ…5本　　ホウレンソウ…1束
ナス…2本　　長ネギ…1本　　ニンジン…1/4本
鶏むね肉…300g　　塩、オリーブオイル…適量

作り方
1　野菜を2cm角くらいの、食べやすい大きさに切る。
　　鶏むね肉も2cm角くらいに切る。
2　鍋にオリーブオイルをしき、弱火にかける。全ての
　　材料を入れ、蓋をして煮込む。
3　野菜から水分が出てくるが、途中蓋を開けてみて水
　　分が少ない場合は水を200ccくらい加える。
4　15〜20分弱火で煮込み、全体がしんなりしたら塩
　　で味を調整する。
5　皿に盛りつけ、たっぷりのオリーブオイルをかける。
　　他の旬の夏野菜でも美味しくできるので、自分の好
　　みの野菜で自由にアレンジして欲しい。

ディフェンダー

『スタンド・バイ・ミー』は、初めてスクリーンの世界に憧れを抱いた映画だった。4人の少年のひと夏の冒険を描いた青春映画の金字塔。ベストセラー作家（おそらく原作者自身がモデル）が12歳の夏を回想する場面から物語が始まる。初めて観た時、僕は中学3年だった。

少年のひとりを演じたリバー・フェニックスは当時、僕と同年代。劇中で若くして亡くなるのだが、僕が18歳の時、彼は本当にこの世を去った。その頃、僕はイタリアに修行に行くことを計画していたが、不安で仕方がなかった。彼の死で人生の儚さを知り、今挑戦しなかったら悔いが残ってしまうと思ったことが、イタリア行きを決心するきっかけのひとつになったのかもしれない。

イタリアに行く前、いつの日か劇中で作家の愛車として登場するディフェンダーに乗るという目標を立てた。それから15年、憧れの車に乗ることが叶った。それは偶然にも、スティーヴン・キングが『スタンド・バイ・ミー』の原作小説を発表した時と同じ歳のことだった。

車がやってきた日、久しぶりに家族と一緒に映画を観賞した。そして皆で、映画に登場するブルーベリーパイを作り、（ここは劇中を再現せず）美味しく食べた。

マイ・ブルーベリー・パイ

材料（2人分）
冷凍パイシート…2枚　　卵…1個
A　ブルーベリー…250g（2パック）
　　三温糖…大さじ2　　コンスターチ…大さじ1
　　バター…10g

作り方
1　鍋にAの材料を入れて、全体が馴染むまで弱火で煮
　　詰める。
2　オーブン皿に解凍したパイシートを1枚しき、中に
　　1を入れる。
3　2にパイシートを載せ、皿に沿って成形する。空気
　　が抜けるよう、切り込みを入れる。
4　ボウルに卵を割り入れ、よく混ぜたものをハケで3
　　の表面に塗る。
5　200度のオーブンで20分ほど焼く。オーブンを180
　　度にして、もう20分焼く。

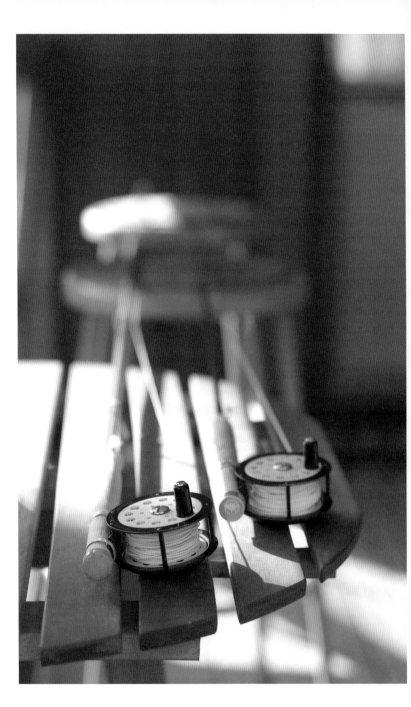

フライフィッシングの釣竿

　身体を動かすことが好きな僕の趣味は、ランニングとサーフィン。そして最近始めたのが釣りだ。週末を那須で過ごすようになり、そこで出会った知人に誘われて初めて釣りに出掛けた。娘は僕の趣味に進んで興味を示すたちだが、息子は娘ほど前のめりではなかった。

　しかし釣りだけは違っていて、初めて行った日からとても積極的だった。「好きこそものの上手なれ」とはよく言ったもので、初日から才能を発揮し、たくさんの魚を釣り上げた。僕はといえば全く上手くいかず、とうとう最後まで1匹も釣ることができなかった。

　那須に行くたび「今度はいつ釣りに行くの」と尋ねてくるようになった。これまでは僕の趣味につきあってもらい、僕から息子に指南していたが、釣りに関しては彼から僕を誘い、色々と教えてもらうことが多くなった。

　身体を元気に動かすことが難しくなったとしても、釣りはずっと続けられる趣味だと思う。僕も少しだけコツを掴んで、ようやく楽しさがわかり始めた。その間に息子はめきめきと上達し、今や僕の釣りの先生のような存在だ。いつか彼に支えてもらいながら、一緒にのんびりと日がな一日釣りを楽しむ老年を思い描いている。

スモークサーモンのカルパッチョ

材料（2人分）
スモークサーモン…8枚　　ディル…2本
枝つきケッパー…4個
オリーブオイル、塩、コショウ…適量

作り方
1　皿にスモークサーモンを並べる。
2　ちぎったディル、塩、コショウ、オリーブオイルを
　　かける。シンプルな料理なので、オリーブオイルが
　　味を大きく左右する。新鮮なエキストラバージンオ
　　リーブオイルを使うと美味しく仕上がる。
3　枝つきケッパーを添える。

レインコートとレインブーツ

　ヨーロッパ山岳地の山小屋の雰囲気が好きで2軒目の店「LIFE son」はそれを連想する内装と料理を目指した。
　中禅寺湖畔にある宿に姉妹店「LIFE son -NATIONAL PARK-」ができた。日光国立公園内にあり、僕がイタリア修行中に訪れた山岳地によく似た風景の中にある。
　山の中にあるので天候の変化が激しい。今日は快晴だなと思っていたら、次の瞬間に大粒の雨が降り出すことは日常だ。雨着と長靴が必需品だが、雨のたびに着替えるのは面倒なので、普段も着られるものを選んでいる。
　インテリアショップ・アクタスと、防水服に定評のあるノルウェーのブランド・ヘリーハンセンが手掛けたランドノームのレインコートは、僕が長年求めていたものだった。高い防水機能を備えながら雨着という感覚はなく、晴れた日に街中で着ていても馴染む意匠である。
　長靴は、水掃除や雪掻きにも使えるものを探していた。RAKU は、小樽市で長年良質なゴム製の履物を真摯に作り続けている、第一ゴムが制作した長靴。初めてはいた時から馴染み、丈夫な造りなのに柔らかく、クルクルと畳めるところがとても便利。中禅寺湖に行く時には必ず、小さく丸めたこのブーツをカバンに入れる。

クリームドレッシングの山サラダ

材料（2人分）
お好みの葉物野菜…適量　　ニンジン…1/4本
カブ…1/4本　　ブロッコリー…4房　　シメジ…30g
ベーコン…3枚　　卵…1個　　ディル…1本
イタリアンパセリ…1本　　クルミ…30g
オリーブオイル、塩、パルメザンチーズ…適量
A　サワークリーム…125g
　　生クリーム（乳脂肪分35%）…125g
　　ハチミツ…60g　　白ワインビネガー…小さじ1
　　白コショウ…3ふり

作り方
1　クリームドレッシングを作る。ボウルにAの材料を
　　入れて混ぜあわせ、刻んだディルをふりかける。
2　ニンジン、カブをスライスし、ブロッコリーと一緒
　　に下茹でする。ベーコンとシメジを刻み軽く炒める。
3　皿に2の野菜類、食べやすい大きさにちぎった葉物
　　野菜、砕いたクルミ、半熟に茹でた卵を盛りつける。
4　1のドレッシングをかけ、刻んだイタリアンパセリ、
　　パルメザンチーズをふりかける。塩で味を調整する。

ライカＭ８

　僕の初めてのカメラは子供向け雑誌の付録のピンホールカメラ。説明書通りに組み立てて撮影したが、写っていたのはぼんやりとした残像だけだった。

　それでも何かが写ったこと面白くて、父のオリンパスOM10を借りて撮るようになった。料理修行に出る時に父からそのカメラを譲り受けた僕は、イタリアで風景や人々をフィルムに収めた。

　料理家の仕事を始めた頃から、料理を撮影する機会が増えていった。プロに教えてもらったデジタル一眼レフを手に入れて料理を撮影してみると、たしかに美味しそうには撮れるのだが、何かが足りないような気がした。

　プロのような美しい写真は撮れなくても、イタリアンのシェフの僕だから撮れる料理写真があるはず。そんなことを考えていた時に見つけたのが、ライカ初のデジタルカメラＭ８だった。

　惹かれた一番の理由はデジタルながらアナログ感のあるくすんだ質感で撮れること。この本の写真は僕がライカで撮影した。毎回ピントをあわせないとならず、オートフォーカスの一眼レフのようにきれいには撮れない。上手ではないけれど、味わいのある写真になったと思う。

生ハムとチーズのリゾット

材料（2人分）
生ハム…3枚　　パルメザンチーズ…大さじ4
米…160g　　固形コンソメ…1/2個
塩、オリーブオイル…適量

作り方
1　鍋にオリーブオイルをしき中火にかけ、生米を入れ
　　て5分ほど、米にオイルがからむようにゆっくり混
　　ぜながら炒める。
2　1に水を200ccくらいと固形コンソメを加えて炊き
　　込んでいく。水分が減ってきたら水を少しずつ足し
　　ていき、20分ほど煮込む。
3　パルメザンチーズを加え、塩で味を整える。
4　皿に生ハムをしく。真ん中あたりに3を載せて、生
　　ハムで包み込む。

イタリアに料理修行に行くことを決心した高校生の僕は、惣菜店を営む両親の手ほどきを受けながらパスタを作って、家族や友人に食べてもらうことを始めた。それまでも家の手伝いで料理をすることはあったが、最初から最後までひとりで調理するのは初めてのこと。僕が作ったパスタを、皆が美味しいと笑顔で食べてくれたことがとても嬉しくて、今から振り返れば、それが食を一生の生業にしようと決めた大きなきっかけだった。

　ちょうど同じ頃、父の影響で写真に興味を持つようになった。いつしか写真は僕の大切な趣味となり、それは現在に至るまでずっと続いている。色々なことに没頭してきたが、高校生の頃からずっと続いている趣味は写真だけかもしれない。

　調理器具や食器の次に、これまで僕が熱心に求めてきた道具はカメラだった。十代の頃から始めて、その奥深さに苦心しながらも未だ魅了され続けているのは、料理と写真のふたつだけだ。

　趣味ながら情熱を注いできた写真で、僕の生業の道具と料理を表現したいとずっと考えていて、本書で初めてそれに挑戦した。美味しさが伝わってくるような精彩な写真は到底撮ることはできないが、料理人としての視点で切り取った、僕の気持ちがしっかりと反映された写真が表現できたと思う。

技術革新が進み、当たり前だと思っていたものが次々と姿を消している。たとえば音楽は、すっかり実体のないものになった。今でもレコードを求める愛好家もいるが全体から見ればとても少数で、今皆さんが手にしている本だって、形あるものとして存在できなくなる日が近いうちに来るかもしれない。

　しかしどんなに世の中が進んでも、食べ物だけはなくなることはない。僕は、美味しい食事を楽しく食べることが人間にとっての一番の喜びだと信じている。そして、それを皆に届けることが僕の仕事であると自負している。

　携帯電話ひとつあれば、あらゆることができるようになった。食事も、画面から好きなものを選んで決済すれば、玄関先まで届けてくれる。それでも僕は〈食べること〉を自分の手に取り戻して欲しいと強く願っている。レストランを営んでいる者としては、お客さんが来てくれないと食い上げになってしまうので、時には外食を楽しんで欲しいというのが本音ではあるが、それでも自身の手で自分が口にするものを作り出す楽しさを皆に感じてもらいたい。

　人類が誕生した時から、食を美味しく楽しむために先人たちが進化させてきた道具を、次の世代に繋げることは僕たちの使命だ。だからこそ僕はこれからも「道具と料理」を大切にして生きていきたい。

相場正一郎（あいば・しょういちろう）

1975年栃木県生まれ。1994年〜1999年にイタリアのトスカーナ地方で料理修行。東京都内のイタリアンレストランで店長兼シェフとして勤務した後、2003年東京・代々木公園駅にカジュアルイタリアン「LIFE」をオープン。全国で4店舗のレストランを運営しており、カルチャーを作る飲食店としても注目を集めている。主な著書に『山の家のイタリアン』、『30日のイタリアン』、『30日のパスタ』（ミルブックス）、『世界でいちばん居心地のいい店のつくり方』（筑摩書房）、『LIFEのかんたんイタリアン』（マイナビ）がある。二児の父親であり、週末は家族で栃木県那須町にある山の家で暮らす二拠点生活を送っている。

編集・デザイン　藤原康二
レシピ協力　　　成田航平（LIFE）、木村志津奈（LIFE）、
　　　　　　　　木村翔太郎（LIFE son）

道具と料理

2021 年 11 月 1 日 初版第 1 刷

著者　　　相場正一郎

発行者　　藤原康二

発行所　　mille books（ミルブックス）

　　　　　〒 166-0016　東京都杉並区成田西 1-21-37 ＃ 201

　　　　　電話・ファックス 03-3311-3503

　　　　　http://www.millebooks.net

発売　　　株式会社サンクチュアリ・パブリッシング

　　　　　（サンクチュアリ出版）

　　　　　〒 113-0023　東京都文京区向丘 2-14-9

　　　　　電話 03-5834-2507　ファックス 03-5834-2508

印刷・製本　シナノ書籍印刷株式会社

ISBN978-4-910215-07-5 C0077